प्रवीण प्रभाकर

INDIA · SINGAPORE · MALAYSIA

ISBN 979-8-88935-303-4

अभार

इस काव्य संकलन को सबसे पहले मैं अपनी माँ को समर्पित करता हूँ जिनके वात्सल्य की छाया में मेरे ज़िन्दगी का कुछ समय बिता है। माँ, मुझे बचपन में ही छोड़ कर स्वर्ग सिधार गईं, परन्तु स्नेहित स्पर्श प्यार से भरे, एवं आशीर्वाद से भरा सर पर उनकी हाथ, मीठी सी याद बन कर मेरी ज़िन्दगी में समाहित है। उनको शत शत नमन और उन्ही को सब कुछ समर्पित।

मेरे जीवन को गढ़ने में मेरे पिता एवं पिता तुल्य बड़े चाचा की भी भूमिका रही है। उनके प्रति मैं आभारी हूँ एवं इस काव्य संकलन को उन दोनों के चरणों में समर्पित करता हूँ।

मेरे प्रिये ओशो! आपके दर्शन ने मुझे अध्यात्म की झलक दिलाई। भीड़ - भाड़ से अलग हो कर अपनी ज़िन्दगी को थोड़ा रूपांतरित कर सका हूँ तो ये आपका आशीर्वाद है। इस काव्य संकलन की कुछ सारी कवितायेँ तो आपके दर्शन से ही भरी है। आपके चरणों में यह काव्य संकलन समर्पित है।

मैं सौभाग्यशाली हूँ कि मेरी जीवन संगनी, नीलू बहुत अच्छी है। काव्य संकलन कि रचना - रंग एवं उसके प्रकाशन के लिए वो हमेशा मुझे प्रोत्साहित करती रही है।

मेरे तीनो पुत्र, निशांत, प्रशांत और सुशांत तथा पुत्र वधु, स्वाति तथा, मुँह बोली बेटियों, यशी और मनीषा एवं एक भतीजी काव्या के प्रोत्साहन को भी मैं नहीं भूल सकता। इन सब के प्रति मेरा अभार!

प्रवीण प्रभाकर

अंतर्वस्तु

क्या है उस पार?

शाम का वक़्त

रात की कालिमा

क्षितिज के उस पार

नदी का किनारा

धुंए की लालिमा

थमती सी नदी की धार

प्रेयसी की शर्मशील नजर

हाय! आज किस कदर

लरजाते आँसुओं के धार

परत-दर-परत

अरमानों को सिमटे सजी चिता पर

ज़िन्दगी की हर अदा सवार।

 ये मौत है

 ज़िन्दगी की

 कि कोई नया आयाम उस पार

 कौन जाने

 अस्तित्व के सनातन धड़कनों में

 छिपा हो अमर प्यार

मौत के एक क्षण की सम्यकता
और ठहरे हुए वक़्त में
शायद छिपा हो असीम का अवतार
कौन जाने मौत और ज़िन्दगी का फर्क
क्या है इस पार और क्या है उस पार?।

* * *

साँसों का आना जाना

न जाने

कब कैसे और कहाँ

ठहर जाए इन साँसों का आना जाना।

कदम-दर-कदम ये साँसें धीमी-धीमी

जीवन का क्या मर्म

कोई जान सका, कोई नहीं

साँसों के रहते-रहते

काश! मिल जाता नूर का खजाना।

जन्म से मृत्यु तक

तारीखों में बँटी हुई ज़िन्दगी

सूखे दरख्त की टहनी लगने लगी

काश! समग्रता का सघन अहसास होता

अंतरतम का फैला हुआ आकाश होता

दिव्यता की चांदनी से

काश! सजा होता जीवन का आशियाना।

कदम डगमगाते ही हैं

अगर आशक्ति गहरी हो, मंजिल दूर कहीं

कामनाओं के चकाचौंध में नजरें हर ओर बिखरी हों

काश! यूँ ही चलते-चलते
हो पाता
स्वयं का स्वयं की ओर लौट आना।
काश! इन्ही लम्हों में
जीवन स्वयं में परिपूर्ण हो पाता
पूर्णता की अभिव्यक्ति में सिर्फ एक खेल है
साँसों का आना जाना!।

* * *

मौन

गीत में शब्द

शब्द में स्वर

स्वर का सागर

जीवन का संचार बना है।

    चेतना की बहती धारा

    पर, जगत के ताना-बाना में

    खोता गया जीवन प्यारा

    खो गई ज़िन्दगी, पर, खोया नहीं स्वर

    जलप्रपात की सतत धारा की तरह

    बहता है यह निर्झर

    स्वर का सरगम जीवन के गीत का उदगार बना है।

स्वर की गति, गति में लय

अस्तित्व की धड़कन है

धड़कन की अनाहत ध्वनि

ध्वनि में छिपी निर्ध्वनि

अंतर्तम में अवतरित

मौन का स्वंदन है

मौन मृत्यु है अहंकार की

मौन अभिव्यक्ति है

जीवन के सौरभ तथा निखार की

मौन सत्यम

मौन सुंदरम

मौन शिवम्

सत्यम शिवम् सुंदरम

हर सृष्टि हर रचना

का आधार बना है।

* * *

नया भोर

अंतिम यात्रा का अंतिम पड़ाव
यह शहर का अंतिम छोर है।
प्रातः काल है
शांत अम्बर के सौम्य पटल पर
ये दर्द कितना उभर गया है
नींद से अलसाई आँखों में
अश्क़ कितना भर गया है
प्रिय! मन को न मलिन करो
धीरज धरो
गीतों में चाहे जितना गुँथा हो अलंकार
हर गीत की अंतिम लड़ी होती है
सपनोँ का चाहे जितना फैला हो संसार
हर सपना की अंतिम घड़ी होती है
माना कि ये जीवन एक सपना था
खो तो गया सब कुछ, कहाँ कुछ अपना था
साँसें टूटीं
उमीदें रुठीं
अतृप्त अभिलाषाओं का ढेर कुछ इधर कुछ उस ओर है।

आदमी की क्या बिसात

सोया था कल रात, आज जग ना सका

जुबां पर सिमटी रह गई बात

वह कह ना सका

कंचन काया कामिनी जैसी

जर्जर हो खो जाती है

स्निग्ध दो पलकों की छाया चांदिनी जैसी

सपनों का ढेर लिए सो जाती है

पर कुछ ऐसा भी है

जो ना सोता ना जागता

अमरत्व का गीत गाता

हर गति में गत्यमान

ये समय है

धरा की धड़कनों में बंधा

इसी का लय है

समय की शाश्वत धारा मे

न जीवन कुछ, न मृत्यु कुछ

जैसे अभी रात तो कल नया भोर है

* * *

अस्तित्व का ग़ज़ल

प्रकृति का

यह मूक निमंत्रण

असंख्य तारों का झिलमिल स्पंदन

चांदिनी के घूँघट मे

निखरता रात का काजल

प्रिय! तुम हो, निशा का नीरव है

स्नेहमयी नयनों का तुम्हारा

यह आकर्षण

सुधायुक्त अधरों पर उभरा हो जैसे उपवन

प्रिय! यह चांदिनी है तुम्हारे दिव्यता की

छितिज़ पर बिखरा है तुम्हारा आँचल।

देर रात तक

कुछ महका है फ़िज़ा मे

हवा के हर लय में जैसे महका हो तुम्हारा बदन

तारों की हर अंगड़ाई में झलकता है

स्वप्नमय तुम्हारे नयनों का स्वप्न

तुम्हारा होना

एक लय है संगीत का
जैसे देर रात
बजता हो कहीं घुंघरू, कहीं पायल।
प्रिय! तुम हो
तो नियति का हर पल ठहर गया है
पलकों में सिमटा हर अहसास सँवर गया है
पलकों में तुम्हारे सिमटा सुरभिमय सुमन
हर साँसों में तुम्हारे उभरा एक बोधपूर्ण समर्पण
प्रिय! तुम्हारा होना
न होने जैसे है
जैसे हवा के पट पर लिखा हो
अस्तित्व का ग़ज़ल।

* * *

रोज बदलते जीवन क्रम में

रोज बदलते जीवन क्रम में
कुछ ठहरा हुआ है।
जीवन की स्पंदित गति
गति में छिपा गतिरोध
दिन की अभिलाषा
रात में है जागती
दोनों में है कहाँ कोई विरोध
हर गति की एक सम्यक नियति
नदी का जैसे सागर है
उम्र की क्या कोई परिभाषा
बस, कदम दो कदम
तय होता रहा सफर है।
रोज़ बदलते जीवन क्रम में
मंज़िल कितनी पास
जब खुद को तलाशती नजर है
दृश्य अदृश्य की माया में
कुछ ऐसा ताना बाना है
की नाम में अपमान छिपा है

मृत्यु में अमृत

पदार्थ में परमात्मा का बोध

अणु - अणु है जागृत

सुक्ष्म में विराट छिपा है

हर कोलाहल में गीत

छोटे से छत पर

बिखरी है चांदिनी

गगन में चाँद निखरा हुआ है

रोज़ बदलते जीवन क्रम में कुछ ठहरा हुआ है।

* * *

खुद के पास

तुम्हारी पेशानी पर

चाँद जैसा कुछ

और आँखों में आकाश।

तुम जो हो तो

गुलाब की सी एक महक तैरती हुई सी।

बिना शब्दों के संवाद

आँखें तुम्हारी जैसे कुछ कहती हुई सी

सुधा युक्त अधरों पर तुम्हारे

सावन का पावन संगीत

और, धड़कनों में जैसे

स्वर संगम की धारा बहती हुई सी।

तुम निर्विकार हो

निर्मल चांदिनी की तरह

आगोश में तुम्हारे

चाँद की शीतलता और बढ़ती हुई सी।

तुम मंजिल हो मेरी

पर, तुम हो कहीं नहीं

हर छवि में तुम्हारी ही छवि झलकती हुई सी।

मेरे अंतरतम में अवतरित
तुम एक प्रीतिकर बोध हो
साँसों में समाई इस तरह
कि जैसे हर कदम पर
तुम ही मिलती हुई सी।
    और मिली भी तो इस तरह
    कि जैसे कुछ मिल गया हो अनायास
    चलते - चलते जैसे हम आ गए हो खुद के पास
    तुम्हारी पेशानी पर
    चाँद जैसा कुछ
    और आँखों में आकाश।

* * *

सिर्फ तुम्हारा ख्याल

कुछ यूँ मैं

खोया - खोया रहा तुम्हारे ख्यालों में

कि मेरे वजूद के हद तक

सिर्फ तुम्हारा ख्याल बचा है।

तुम यूँ चलती थी

जैसे सुरभित पवन सरकता था

तुम्हारे आँचल से मेरी धड़कनें सिमटी थीं

उन धड़कनों को ओढ़ माथे पर

सौम्यता की मूरत बन बैठती थी तुम

और तुम्हारे पेशानी से

दिव्यता का पुंज कौंधता था

तुम्हारे गेसुओं के लहरों से

जैसे कई समुद्र सिमटें हों

उन लहरों में तैरता हुआ

मैं स्वयं विसर्जित था।

तुम हमसफ़र बन चली थी उस ओर

जहाँ हर कुछ खोता है

कभी नाम, कभी गांव

कभी थोथे सपनों का चाव
इसलिए उस सफर में
हर कुछ खोता था
और अंत में तुम भी खो गई
इसलिए कि हम तुम एक हो गए
इस सफर में मंजिल आने तक
सिर्फ एक बचा है
मेरे वजूद के हद तक
बस, तुम्हारा ख्याल बचा है।

* * *

यही तो है प्यार

जगत में गति

शब्दों में अभिव्यक्ति

पर नीरवता का संगीत लिए

चुपचाप बहे जो बयार

यही तो है प्यार।

कृष्ण की बाँसुरी

और मीरा का पदचाप

कुछ हुआ नहीं

पर नयनों से बहे आँसू चुपचाप

दिल का स्पंदन और भावनाओं का उद्धार

यही तो है प्यार।

स्वर और सरगम

कुसुमालियों पर

बिखरी हुई शबनम

भँवरों ने गाये जो गीत

हवाओं के मर्मर से

छिड़ा संगीत

हर स्वर में एक ही धड़कन

बस एक ही माली, एक ही उपवन
कलियों से फूलों तक आया जो यह निखार
यही तो है प्यार।

सृष्टि और स्रष्टा का एक ही लय

आना जाना खेल है

बाकी सब अभिनय

हर रचना का एक ही रचयता

जो पूर्ण है वो रच - रच कर भी नहीं रीतता

पूर्णता का परिधि पर विस्तार

बूंदों में जो है सागर का संचार

यही तो है प्यार।

* * *

बस तू ही तू, बस तू ही तू

आते - जाते श्वासों में

समाया हुआ तू इस तरह

कि इन साँसों से

मेरे दिल के धड़कन तक

बस तू ही तू, बस तू ही तू।

काया तो माया है

और मन है मूर्छित

यह तो तुम्हारी साँसों की खुशबू है

कि जीवन कुछ - कुछ सुरभित

इसलिए तो मन के उलझन से

मौन के स्पंदन तक

बस तू ही तू, बस तू ही तू।

जीवन गति कभी रूकती नहीं

साँसें भले रुक जाएं

चलते - चलते कहीं

जगत की शाश्वत गति में

न जीवन कुछ

न मृत्यु कुछ

बस छोटी सी बात है

कि अभी साँसें थीं

और अभी नहीं

इसलिए तो साँसों के शुरू होने से

साँसों के समापन तक

बस तू ही तू, बस तू ही तू।

गति है तो गीत

मीत है तो प्रीत

प्रीत के पावन प्रवाह में

सब कुछ होता है विसर्जित

चाहे हो अहंकार का आडम्बर

या कि संसार का भँवर

तुम तो मेरे परम मीत हो

इसलिए तो

अहंकार के अड़चन से

बोध एवं समर्पण तक

बस तू ही तू, बस तू ही तू।

आते जाते श्वासों में

समाया हुआ तू इस तरह

कि इन साँसों से

मेरे दिल की धड़कन तक

बस तू ही तू, बस तू ही तू।

* * *

मै न बचा

कुछ खो गया है क्या?

हाँ, मैं खुद

कैसे खो गया वजूद?

जगत के ताना - बाना में

रात दिन चलते सपनों में

मन का खेला सांझ - सवेरे

जीवन गति बजी

धूमिल होती गई धीरे - धीरे।

फिर?

दूर कहीं घंटी बजी

अंदर ही अंदर चेतना सजी

लगा ये तो स्वयं का ही नाद है

अंदर में विराजित मौन का संवाद है।

फिर?

जीवन में गति, गति में लय

जीवन मेरा अनुराग बना

जीवन में मृदुता आई

फूलों की महक साँसों में समाई

मृदुल स्वर, हर बोल अमर

शब्दों की अंतर्ध्वनि से राग बना

जो खोया था सो मिल गया

जीवन का पुष्प खिल गया

खो कर ये पाना है सच्चा

पर, इस पाने में, मै न बचा।

* * *

स्वयं में है भगवान

अभी, बस इसी पल में

सिमटी है ज़िन्दगी

यादों से ग्रशित होकर

और कल्पना में खोकर

जिया नहीं जाता।

दिल जो अभी धड़कता है

उसे कल के लिए

टाला नहीं जाता।

श्वासों की लयबद्धता में

समय का पल-पल बहना

हर पल को उस पल की पूर्णता में जीना

यही जीवन गति है

टुकड़ों में बाँट कर

समय की समग्रता को

खोया नहीं जाता।

देखिये बाग़ में कितने ही फूल खिले हुए

चाँद - तारों के झिलमिल से किस तरह मिले हुए

किसी को सुन्दरता का अहंकार नहीं

एक दूसरे से आगे निकले,
ऐसी कोई होड़, ऐसी कोई रफ़्तार नहीं
अहंकार के अंधकार में
जीवन सौरभ को खोया नहीं जाता।
आप भी स्वयं में पूर्ण
आपकी पूर्णता में ही है भगवान
ईश्वर को और कहीं खोजा नहीं जाता।

* * *

मृत्यु एक क्षणिक विश्राम

लो, देखते-देखते

ज़िंदगी का मुकाम आ गया।

बंद आँखों में

समा गया सब कुछ

लो ज़िंदगी के लबों पे

मौत का नाम आ गया।

क्यों बिखरे हैं ये आँसू के मोती

प्रिये! तुम क्यों हो आज इतना रोती

जीवन तो एक पहेली है

एक शाश्वत फूल की कली है

नहीं खत्म होता है यहां सफर

ये तो सराय है, कहीं और अपना घर

लो देखते-देखते घर से पैगाम आ गया।

जीवन की सतत गति में मृत्यु तो क्षणिक विश्राम है

जीवन सुबह की अभिलाषा, मृत्यु ढल चुकी शाम है

निशा के निमंत्रण में

जैसे खो जाती है उषा

लेकर एक नए भोर की आशा

वैसे ही

पिंड और चेतना के समन्वय में नहीं मरता कुछ

जगत-जननी का है सब खेल तमाशा

लो, देखते-देखते

इस एक खेल का आखिरी अंजाम आ गया।

* * *

स्वयं का बोध

ज़िन्दगी की दहलीज़ पर एक मीठा सा दस्तक।

प्रभात के पहर में अपने स्नेहिल स्पर्श से थप थापा कर जैसे कोई कह रहा हो

उठो, तन्द्रा तोड़ो, जीवन गति को अपनी ओर मोड़ो

जीवन के इस सफर में हर किसी को अपनी ओर लौटना पड़ता है

क्योंकि, कोई भी भटकता रहेगा आखिर कब तक।

मन तो है

वासनाओं, कामनाओं में उलझा हुआ

स्मृतियों, कल्पनाओं के खेल में

जीवन का तेज़ बुझा हुआ, पर, हर किसी को

संयम के पथ पर चलना पड़ता है

क्योंकि, कोई भी

लड़खड़ाते कदमों से चल सकेगा

तो आखिर कहाँ तक

जीवन की एक गति वो भी है

जिसमे गंतव्य निहित है

जब जीवन पथ अविकारी हो।

हर बंधन को

विसर्जित करने की तैयारी हो

जब अहंकार और अकड़ नहीं
विनम्रता के सहज प्रवाह में
सौरभ मिले जो न मिल सका था अब तक
चलो, चलें उस देहलीज़ तक जहां स्वयं में
जीवन प्रतिष्ठित हो
स्वयं की परिकाष्ठा में परमानन्द की अभिव्यक्ति हो
जहाँ दूर क्षितिज तक बहती हो
स्वयं के बोध की महक
ज़िन्दगी की देहलीज़ पर एक मीठा सा दस्तक।

* * *

प्रीत मे परमात्मा

प्रिय! तुम मेरी हो
मेरी साँसों मे बंधी हुई सी।

मेरा तुम्हारा मिलन

यह मिलन और सपनों का सृजन

प्रेम की प्रगाढ़ता में

लयबद्ध होते गए

दो दिलों की धड़कन।

झुके नैन, और

मौन का स्पंदन

प्रीत तो अनकही सी

पर, प्रीत की नमी

पलको से झलकती हुई सी

साथ चलने का मेरा वादा था

पर, चले किधर

प्रेम के नाद में

जब बजने लगी

जीवन वीणा ठीक - ठीक

तो न पथ बचा, न पथिक

मेरे होने में
तुम्हारा खो जाना, और, तुझमे मेरा।
बात चाहे जो भी
दो न बचा
अद्वैत की अभिलाषा में
जैसे अस्तित्व है झाँकता
वैसे ही प्रीत में परमात्मा
तुम परमानंद की
परम अनुभूति हो
ठहरे वक़्त की गहराई में
ठहरी हुई सी।

* * *

एहसास

छू जाता है एक एहसास

मेरे अंतरतम में उतरकर

आंदोलित कर देता है

मेरे ख्यालों को

ऐसा लगता है

भले ही एकत्रित हो

बहुत कुछ इस जिंदगी के आस - पास

पर, ये जिंदगी भरी नहीं है

बाहर से भरकर

यह एहसास कुरेद देता है

मेरी जिंदगी के

खालीपन के सवालों को

इस एहसास के सहारे

एक अजीब रहस्य आता है

जिंदगी के सामने

लगता है खोकर तो खोना है ही

कुछ पाकर भी क्या आता है

हाथ में अपने

अगर ऐसा है
तो क्यों आपाधापी में
जिंदगी गुजारे
क्यों न थोड़ा ठहर कर
अंतरतम के मौन में उतरकर
हरेक पल को उसकी पूर्णता से भरकर
तय करें जिंदगी का सफ़र
क्यों न
जिंदगी की गहराई को उभारे

* * *

प्रार्थना

शुभ हो, प्रभु! शुभ - शुभ घटे

कलह - क्लेश की बात नही

सुबह हो अलौकिक

तमस भरी रात नही

तुम इस तरह रचो बसो मन में

कि बाँसुरी के स्वर जैसा

झरना झरे जीवन में।

    धरा की धड़कनों से

    सावन सजे प्रीत का

    प्रीत की प्रतिक्रिया में

    घात प्रतिघात की बात नहीं

    गम हो हासिये पर

    आँखो में दुख की बरसात नहीं।

प्रभु! तुम हर जगह मिलो

कुछ दूर हम सब के साथ चलो

सुरभित हो जीवन जगत का

आदमी भ्रमित है

नहीं पता है उसको उस पथ का

जहाँ मन की परिधि में
वासनाओं का साथ नहीं
बोध की पूर्णिमा हो
मुर्छा भरी अमावस की रात नही।

हे प्रभु!

मैं भी चल सकूँ उस पथ पर

कदम-दर-कदम, नमन से भरकर

मैं स्वयं में स्थित रहूँ

सुबह जब पौ फटे

शुभ हो, प्रभु! शुभ - शुभ घटे।

ऐसा तुम ही चाहो प्रभु!
आदमी की बिसात नहीं
सुबह हो अलौकिक
तमस भरी रात नहीं।

* * *

मै कहाँ हूँ

मै कहाँ हूँ

मैं कहाँ हूँ,

हूँ कहीं

की कही भी नही।

शरीर का आवरण

मन का विचरण

भावनाओं का उलझन,

इन सब मे तो

मैं कही भी नही।

ख्वाइशों की पगडंडियों पर

सपनो का विस्तार

चाहत के दौर में

किसी के बदन की खुशबू

और आंचल का पतवार

चाँद तो उतरा नही धरा पर

पर चाँद सा मुखड़ा

पेशानी की चमक

जैसे चांदनी का निखार

यह सब तो ठीक है

पर द्वन्द अभी भी बाकी

दोनो को दो होने का भ्रम

दोनो का अपना अपना अहंकार

इस द्वन्द मे मैं नही

मैं यहाँ भी कही नही।

तब मैं कहाँ हूं?

जीवन एक गहरी यात्रा है

धीरे धीरे जब हो,

सभी तलो का विषर्जन

शून्यता का क्षितिज

और स्वयं का तर्पण

स्वयं से स्वयं तक कि यात्रा में

न कोई मार्ग न कोई दर्शन

सहज जो घटे

मैं हूँ वहीं

एक बोध में ठहरा हुआ सा

मैं वहां हूं

जहाँ कुछ और बचता नही!!!!

* * *

चुपके से

हर कुछ के खो
जाने पर भी
एक याद तूम्हारे प्यार की
गूंजती रही
मेरे दिल के धड़कनों में।

वे दिन,
जो समय के हर आयाम को तोड़ कर
तुम्हारे पहलू में कैद थे
माना की नही रहे,
पर उनके याद ताजे है
जो घटे थे उन दिनों में।

वे शाम जो कटी थीं
तुम्हारे आँखों की गहराई में डूबने से
माना की ढल गईं
पर कैसे भूलेगी वह स्वाद
जो मिली थी
तुम्हारे मस्ती भरे नयनो से।

वे रात

जो तुम्हारे जुल्फों के साये में गहराई थीं

माना की समय के चपेट में खो गईं

पर कैसे भुलेगी वह बात

जो तुम कहे थे

चुपके से मेरे कानों में।

अब भी उन बातों का एहसास बचा है

वरना क्या रखा है

इन टूटे हुये सपनो में।

* * *

जीवन संगनी

असंख्य तारो के
अनन्त झुरमुट में
जैसे एक तारा चमकता है
थोड़ा अलग, यह ध्रुवतारा है
पथिक भटके नहीं,
यह दिशा दर्शाता है।
वैसे ही तुम
मेरी जीवन संगनी हो
मेरी हमसफ़र हो
मेरे जीवन का,
क्षितिज और अम्बर हो
तुम हो तो,
जीवन सहज ही संवर जाता है।
मेरे लबों का गीत हो
मेरे धड़कनो की संगीत हो
आँखों से छलकता प्रीत हो
तुम सब कुछ हो
तुम हो तो,
तुम्हारे आँचल में वक़्त ठहर जाता है।

* * *

प्रिय जागो न!

भोर हुई प्रिय जागो न।
    जागृति का पहर
    आशाओ की किरणें प्रखर
    सुरभित पवन
    सुंदर सुमन
    पंक्षियों के कलरव में
    हर्ष के गीत सुनो न।
कोई बात नही
कल ऐसा नही था
फ़िजा में तैरती खुशबु नही
न महकता हुआ गुलाब था
आंखे चंचल नही
न जागता हुआ ख्वाब था
न चुनर न पायल
न क्षितिज को छूता हुआ आंचल
कल की बात बीत गई
उसे अब छोड़ो न।

आज फिर से
सौभाग्य पथ पर
तुम भटको न इधर उधर
फिर से
बिन कहे कुछ कहो न।
तुम्हारे पेशानी की चमक
जैसे धरा पर चांद उतरा है
तुम्हारे दो नैनो की दिव्यता
जैसे खवाबो का सैलाब उतरा है
तुम सजो धजो
मेरे दामन को
फिर से थामो न।
दाम्पत्य जीवन की गति में
प्रीत ही परिणति है
प्रीत के सागर में
तुम फिर से बहो न।

* * *

प्रीत का सागर

पर्वत के शिखर से

यह जो जल बहता है

मानो प्रकृति के हृदय से

प्रीत का सागर बहता है

नित्य नये आयामो से

यह जो प्रकृति सजती है

अपने दिव्य शून्यता में

अवस्थित वह

जीवन ऊर्जा का संचार करती है

प्रकृति की दिव्यता मे ही

तो सब कुछ निहित है

पर्वत की श्रृंखला

नदी और सागर

धरा और अंबर

गति गंतव्य

और जीवन का सफर

फिजा की खुशबु

और स्वयं ईश्वर

इसलिए तो

इधर उधर

जिधर जाय नजर

प्रकृति की शून्यता से

प्रीत का सागर बहता है

जैसे

पर्वत शिखर से जल बहता है........

* * *

एक सपना

एक सपना के टूटने पर

नही खत्म होता है

सपनो का सिलसिला।

ट्रूटे हुए सपनो को सवारने मे

और नये को सयोजने में

जिंदगी गुजरती है कश्मो - कश मे

कल के उम्मीद के वहम मे

और बीते कल के गम मे

जिंदगी तड़पती है

एक द्वंद मे फंसी जिंदगी

खुद दबा रही है

अपना ही गला।

उत्तप्त दिन बीत जाते है

शाम की शीतलता की चाह मे

शाम की शीतलता खो जाती है

यह सोचकर

कि मधु मिलेगा

सुहानी रात की बाँहों मे

पर रात कब मधुमय हो पाई है

दिन के उत्तप्त होने के भय से

समय के प्रवाह मे

जिंदगी गुजरती है बिना किसी लय के

और फिर सताता है

जिंदगी को चूक जाने का गिला।

* * *

भाग्य विधाता

सब उसके हाथों मे
सब का वही है भाग्य विधाता।

किसको कितना हर्ष मिलेगा

और कितना उल्लास

कब तक हवा स्वछंद बहेगी

कब तक आँखों मे होगा आकाश।

कब सब कुछ बिखर जायेगा

सुनी सुनी हो जायेगी रात

सब उसके हाथों मे

सब का वही है भाग्य विधाता।

नैन और नूर

कसमे वादे

और दुनिया का दस्तूर

कब तक आदमी सिकंदर रहेगा

और कब हो जायेगा मजबूर।

दुनिया की आपा धापी मे

कब खुद चला जायेगा

दुनिया से दूर
सब वही जाने
सब का वही है भाग्य विधाता।
   होंठ और गुलाब
   चांदनी की चमक और
   उम्मीदों का महताब
   दो नैनो की दिव्यता मे
   सजा धजा सा ख्वाब
   पर कब पलक झपकते
   खो जायेंगे चाँद चांदनी और ख्वाब
   सब उसके हाथों मे
   सब का वही भाग्य विधाता।
कब तक जलेगा देह का दीया
और कब देह खुद जल जायेगा
आज सब ठीक है
पर कल जीवन किधर जायेगा
चंद रोज़ की जिंदगी मे
कब अंतिम पल आएगा
सब उसके हाथों मे
सब का वही भाग्य विधाता।

घटनाओ के क्रम मे
कौन सी होगी अगली कड़ी
कब तक चलेगी
सांसों की लड़ी
सब उसके हाथों मे
सबका है वही है भाग्य विधाता।

* * *

माँ!

नियति का अनुपम उपहार हो तुम।

बचपन की याद ताजी है

तुम्हारे गोद का पालना

तुम्हारी उंगलियों के सहारे चलना

तुम्हारे आँचल को पकड़ रो ना धोना

फिर तुम्ही से लिपट कर सो जाना।

तुम जगत जननी,

जीवन को गढ़ने वाली रचनाकार हो तुम'

उम्र के इस दहलीज पर

तुम्हारे आशीर्वाद से

पल-पल बढ रहा हूँ

पथ हैं अनेक

मैं भ्रमित भी हो रहा हूँ

अपनी दिव्यता से

मुझे गति देने वाली

मेरे जीवन नाव की पतवार हो तुम।

संसार का नियम है

आदमी कुछ भी पा ले,

वास्तव में खोता हैं
संसार की आपा धापी में
वह स्वयं को ही खो देता है
रीतता जाता है पल-पल जीवन
सब कुछ पा कर भी खुश नही होता मन,
जीवन के इस विसंगति में
तुम सम्यकता हो
जैसे कहीं
बोध का फूल महकता हो
सांसों को संवारने वाली
तुम जीवन की गति हो
स्वयं की अभिव्यक्ति हो
अंधेरे में प्रकाश हो
मन मलिन हो तब
तुम क्षितिज और आकाश हो
गंतव्य की दिशा में
उर्जा का संचार हो तुम।
माँ, नियति का अनुपम उपहार हों तुम'

* * *

तुम्हारे बिना

तुम्हारे बिना

मै जी नहीं सकूंगा

उम्र की लकीर पर

ज़िन्दगी सरकती रही

कभी खुसी कभी गम

तुम सब कुछ सहती रही

कदम दर कदम

जीवन चमन बनने लगा

आँचल मे तुम्हारे

मेरा स्वप्न सजने लगा

रूठना - मानना

हंसना - हंसाना

कभी - कभी

तुम्हारा झल्लाना

इस सब के बीच

वक़्त कैसे गुजरा

पता भी नही लगा

स्वपन का स्वरुप बदला

बच्चों का सपना
अपना लगने लगा
अब, थोड़ी काम हुई है
ज़िन्दगी की रफ़्तार
पर, अभी भीन हांथों मे हाथ
साथ एक दूजे का
नही कम हुआ है प्यार
मेरे दिल मे जो मोहब्बत है
उसे मै हु - ब - हु
कह नही सकूंगा
तुम्हारे बिना
मै जी नहीं सकूंगा।

* * *

चाहत

आज,

दिल ही दिल मे

कुछ बात होने दो

सांसों को

सांसों मे घुलने दो

की उल्फत के दायरे मे

वक़्त ठहर जाए

देखते निहारते

बस यूँ ही प्रीतिकर रात हो जाए

नज़र से नज़र मिले

कुछ न कहे

तो समझो प्यार है

प्यार के इस सफर मे

तुम्हारे आँचल मे प्रिये!

खुशियों की बरसात हो जाए।

तुम प्रीत की अभिव्यक्ति हो

मंजिल हो तुम मेरी

मेरे जीवन की गति हो

दिल मे प्यार का सागर

खुस है हम तुम्हे पा कर

जीवन सरिता मे

कल - कल कर बहे जल

मंजिल आने तक

यह जल जज्जबातों का महताब हो जाए

चाहत यदि प्रगाढ़ हो

तो हर कुछ चहकता है

माथे का सिंदूर

चेहरे का नूर

चाहतों के चहक मे मै चाहता हूँ

चाहतों से भरा ये कायनात हो जाए।

* * *

आँचल

अश्को से भरे
इन नैनो को
थाम लो अपने आँचल मे।
        इन निगाहों की नमी से
        सिर्फ दर्द ही नही बहता
        प्रीत का भी यह सागर है
        प्रीत से भरे,
        झिलमिल सपनो को
        अश्को का कहाँ डर है
        प्रीत के मधुमय धड़कनो को
        बजने दो
        घुंघरू बन कर अपने पायल मे।
एक नया आयाम जीवन का
अवतरित हो प्रीत के सुगंध के सहारे
प्रीत के निर्मल झरनो को
नया लय मिले नयन नीर के किनारे।
        नयन बहे तो
        नया संबंध नया सुगंध

नया प्रीत नया गीत

बह सके

जीवन सरिता के कल कल मे

आँसुओ के हर बूंद मे

प्रीतम छवि झलके

प्रीत की नमी का

एहसास दिलाये भींगी पलके

प्रीत से भरे

दिल के स्पंदनों को

वह प्रीतम नियति का स्वांस बन कर

तमस के कोख मे प्रकाश बन कर

इक्षाओं के कुण्ड मे कैद जीवन का आकाश बन कर

एक साज दे सके जीवन महल मे।

* * *

आहिस्ता - आहिस्ता

हवा के मंद झोंको से

जैसे ढलती हो शाम

क्षितिज के उस पार

आहिस्ता - आहिस्ता

उम्र के हर पड़ाव पर

उभरता है एक दर्द

यह ज़िन्दगी

जैसे ढूंढती हो

ज़िन्दगी का अंजाम

इस ज़िन्दगी के आर - पार

आहिस्ता - आहिस्ता।

इस दौड़ती सी सफर में

शुष्क होंठों पर उभरी प्यास

थकी थकी सी स्वांस

मुसाफिर सोचता है

मिल जाए कोई मुकाम

छेड़ दे कोई दिल का तार

आहिस्ता - आहिस्ता।

उम्र के इस सफर में
दूर कि हर चीज
है बहुत अजीज
सुन्दर और निराली
पर हाथ लग जाए
तो भी हाथ खाली
लिए एक अतृप्त अभिलाषा
पथिक दौड़ता है प्यासा - प्यासा
कहानी कि एक कड़ी की तरह
बढ़ती गई है उमर
शुष्क होंठ और थकी नज़र
बोझिल स्वांसों का पीकर ज़हर
सुबह से हो गई है शाम
जैसे ज़िन्दगी जी हो उधार
आहिस्ता - आहिस्ता।

    दौड़ती थकी - हारी
    ज़िन्दगी से
    क्यों न चुरा ले एक पल
    मौन की परिधि से
    क्यों न उभरे जीवन का वो तल
    शास्वत की लय से
    बहता हो जहां नयनों से जल

महकी महफ़िल में

हर पल जैसे छलकता जाए जाम

एक पल का यूँ होता जाए विस्तार

आहिस्ता - आहिस्ता।

महकी महफ़िल की फ़िज़ां में

डूबा - डूबा वक़्त, थमी सी ज़िन्दगी

हर बात जब प्यारी लगने लगी

तो ऐसे में ढले

ज़िन्दगी की यह मोहक शाम

सिमटे यह संसार

आहिस्ता - आहिस्ता।

* * *

अमृत

हर द्वन्द में

बहती है एक धारा अमृत की

रात की कालिमा

फैली अनंत क्षितिज तक

पर वो आ रही है महक

रुनझुन - रुनझुन सी खनक

रात की गोद में

बहता है एक संगीत

एक कम आवाज़ सुबह के गीत की।

हर द्वन्द में

बहती है एक धारा अमृत की

दर्द से सिसकते पल

दो नयन हुए सजल

नयनों में सिमटा सूनापन

बुझी सी हो दिल की धड़कन

फिर भी अस्तितव के पलकों से

झांकता यह आकाश

बिखरते अपने झरोखों से
फूलों की सुवास
जैसे दर्द के आंसू में
सिमटी हो एक स्वाद प्रीत की।
हर द्वन्द में
बहती है एक धारा अमृत की
धारा की धड़कनों से सजा जगत
घटनाओं की रचना है
दिल के कोर से उफनता कहीं नफरत
तो कहीं आँखों में सजा सपना है
कहीं जुल्फों की फुहार
तो कहीं मांझी ढूंढता पतवार
कल के चक्र पे सवार
यह ज़िन्दगी है
पल पल का विस्तार
जैसे हर पल पर
लिखी हो कहानी अतीत की
रात की भीनी महक
पर सुना है यह दामन
बहार आई

पर उदास है यह चमन
टूट गई चाहत की हर डोर
फिर भी चाहता है चकोर
जैसे चाँद की पेशानी पर
उभरी हो तस्वीर परम मीत
हर द्वन्द में
बहती है एक धारा अमृत की।

* * *